66 décimas para
cuerdas migratorias

Omar García Obregón

66 décimas para cuerdas migratorias

bokeh ✳

© Omar García Obregón, 2025

© Fotografía de cubierta: W Pérez Cino, 2025

© Bokeh, 2025

Gainesville, FL
www.bokehpress.com

ISBN 978-1-966932-05-5

Bokeh es un sello editorial asociado a Almenara Press

*Desde y para Jorge Drexler, al otro lado del río,
porque «todos en el fondo somos de ningún lado
del todo y de todos lados un poco».*

I.

Si supieras el agrado
que me causa tu insolencia
que revela la indigencia
con que decoran tu hado
ante el discurso sagrado
que interviene ante mi puerta
donde plantas tu reyerta
por nombre, robo ilusión,
donde gira toda acción
sobre tu palabra muerta.

II.

Si pensaste que ganabas
mi casa al quitar el sello
ganada por voz en cuello
te recuerdo que pasabas
las horas que malgastabas
en mítines de repudio
que servían de interludio
sin que el invierno aflorara
sin que tu causa parara
mis ansias de más estudio.

III.

Si en extranjero me hiciste
te agradezco tanto daño
porque quedaste en rebaño
mientras mariposas viste
que del país fueron quiste
en un trozo de bandera
sin que con ello yo fuera
fruto de fuerza banal
pues en lo transnacional
está el alma verdadera.

IV.

Si el antiguo refugiado
ahora de casa te echa
no dudes que su cosecha
tenga un político aliado
que en un fondo trastocado
de otro barniz provechoso
encuentre afeite gozoso
en la punta de la espada
que en medio de la estocada
cotice un precio lucroso.

V.

Cual Guernica encarnizado
hay un espacio sublime
donde la sangre no gime
por el color arrasado
aunque el blanco encaramado
en los sombríos paisajes
de atardeceres salvajes
nos lleve a sacar la cuenta
de que esta absoluta afrenta
conduce a muchos anclajes.

VI.

En la condición humana
también se encuentra consenso
allende lo que yo pienso
de la podredumbre vana
que ante el poder se amilana
y esconde bien su perfil
para que de otro marfil
se labre una piedra exacta
que no se mantendrá intacta
ni en el filo del candil.

VII.

Si de Gran Bretaña a Ruanda
a causa de una ministra
que a su pueblo suministra
la amenaza que comanda
por toda falta de escanda
desde los países fríos
dice que no hay extravíos
es por su lengua afilada
que de racismo va atada
en todos sus desvaríos.

VIII.

Solo hace falta el avión,
expone con sus premuras,
sin que note las fracturas
que matan toda ilusión
para que en otra ocasión
si un gobernante profiere
lo que al oponente altere
su juego con osadía
no toques la melodía
que el fiero yugo requiere.

IX.

Si en las cloacas del tiempo,
cuando los listos se agremien
y en las urnas ya la premien
contra todo contratiempo,
la música de otro tempo
marca el pensamiento errado,
vendrá todo muy marcado
avizorando otra brisa:
no dudes que tu camisa
se endeude en otro mercado.

X.

De las piedras de batalla
yo ya fabriqué mi oficio
y queda en el maleficio
que dictas por estocada,
pero en decreto zanjada
la palabra que aborrece
nunca es la que te enriquece
en tu juego de colores
donde no pactan las flores
si el viento ya no guarece.

XI.

Los vendavales de antaño
se prestaban a la afrenta
de una cifra con trascuenta
que intenta parar el daño
en el fuego de un extraño
a quien tu palabra anima
para que siga la rima
Teseo en su laberinto
cual si fuera un platelminto
dispuesto a la pantomima.

XII.

En su corte regenera
la planaria por encuentro
en país que su epicentro
Ariadna no rebatiera
para evitar que cualquiera
sin hilo por artilugio
ya no encontrara refugio
sino un Caribe profundo
en busca de un nuevo mundo
sin Egeo en subterfugio.

XIII.

Ay, país, tierra insolente,
yo nada tuve que ver
con esos cuentos de ayer,
en tanta historia insolvente:
nos mostrabas por doquier
la ingratitud que despliega
esa actitud palaciega
de héroe mal arropado
en tricolor enlutado
que tu palabra reniega.

XIV.

La bandera tricolor
de poco valió en la marcha
por pavimento de escarcha
cual lo que dura una flor
que arrastra todo el sopor
que la vida nos impuso
aunque ya un tanto confuso
supiera de esta quimera
y la historia verdadera
no permitiera otro abuso.

XV.

Mientras los otros arguyen
las musas traerán albricias
para alejar inmundicias
de los discursos que fluyen
y capitidisminuyen
los vaticinios errados
para enfrentarse a los hados
que llevan a Tapachula
lo que la historia acumula
de paraísos fisgados.

XVI.

Si pasan por Esquipulas
evitando a Santa Ana
lo que la verdad desgrana
de palabras que circulas
para que lo que regulas
vincule un mayor espacio
que sirva como prefacio
cuando cruces el Suchiate
atado a cualquier arriate
o goma que diera el yacio.

XVII.

Mientras el río rebasas
cargado ya con tu historia
nadie te lleva a la gloria
quemada con tantas brasas
por donde tantas molasas
la construcción deshicieron
y las espadas blandieron
cambiando de norte a sur
en busca de otro cambur
por el que el barco cogieron.

XVIII.

Te espera ya a ti otra suerte
que conociera en persona
lo que ya en muchos se encona
para enfrentarse a la muerte
sin que por eso yo acierte
a rebasar estos miedos
que arropan siempre los credos
de todas las injusticias
donde sobran las caricias
producto de estos enredos.

XIX.

Si los xoloitzcuintles vagan
entre los nueve niveles
que aligeran pasos crueles
en el viaje donde amagan
los golpes si no naufragan
en el viaje hacia Mictlán
hay cuatro años de imán
que se encargan del destino
sin que el menor desatino
pueda esquivar al guardián.

XX.

De qué color es el perro
que se encargará del alma
por si se dobla la palma
en medio de este destierro
por culpa de un testaferro
que en el color da sus marcas
como los buenos monarcas
que marcan con sus blasones
el embudo de sus dones
donde anidan las comarcas.

XXI.

La gloria no oculta el medio
donde anidan los guardianes
para proteger de truhanes
que acechan ya todo predio,
sin que encuentre más remedio
camino hacia el inframundo
que el de todo el que es oriundo
de los mismos alebrijes
que con aquenios cobijes
en las andanzas del mundo.

XXII.

Tórtola sin melodía
al interior del abismo
de donde se crea un sismo
para enfrentar cada día,
enloquecida agonía
que enrostran las espadañas
por culpa de las hazañas
en tiempos transnacionales
donde los convencionales
requieren otras entrañas.

XXIII.

Se embargan atardeceres
de una Antígona furiosa
que se vuelve peligrosa
al cuestionar los poderes,
mas no han de ser tus saberes
sin Polinices en mano
lo que para todo humano
en tumba tan clandestina,
por decisión de doctrina,
nunca veremos cercano.

XXIV.

Insumisa, ya no gimas
aqueresando el futuro
para hacer nuevos conjuros
con prole que desestimas.
Invisibles las calimas
hacen ver el horizonte
sin que por esto remonte
tu tío en su descontento,
cambiar el funcionamiento,
degradarse en polizonte.

XXV.

Qué te depara el destino
al ser ya tan vanidosa
que piensas que cualquier cosa
que estime por desatino
el hado que por divino
intercede ante Creonte
vendrá a forjar horizonte
que te dé por sepultura
enmendar esta ruptura
y una cueva en otro monte.

XXVI.

Osada tú te atrevías
a interponerte al poder
dispuesta hasta a conmover
con quienes tú compartías
lo que ya te proponías
antes de caer la noche
como si fueras fantoche
en las márgenes del río,
sumergida en desvarío
buscando otro carricoche.

XXVII.

Si de gusano a crisálida
remonta su vuelo el germen
sin que los deseos mermen
cual mariposa hidrocálida
por Aguascalientes válida
entorna su raudo vuelo;
recuerda que no es su suelo,
mas tampoco es una plaga
y con su viaje ya amaga
a que compartimos cielo.

XXVIII.

Del gusano desconocen
su intervención migratoria
para que en toda memoria
los políticos no empocen
los que en migraciones gocen
de esta polinización,
parte de su intervención
entre tanto desvarío,
un pensamiento bravío
sin otra disposición.

XXIX.

El corte de un corazón
se mide por sus desbroces
en los que ya nunca goces
de cualquier forestación
porque es en su migración
que la mariposa encuentra
las rimas de su palestra
cuando la comarca hilvana
cuando no le da la gana
de afirmarte que eres diestra.

XXX.

Del barrio su raudo vuelo
a la usanza de las flores
encaminan sus colores
al invocar otro duelo;
sin embargo, no es su anhelo
despertar algarabía
ni cambiar la geografía
que el Estado ya promueve,
trescientos cuarenta y nueve,
dispone su anomalía.

XXXI.

La mariposa remonta
en su último apagón
contra lo que la nación
de oportunidad apronta,
porque su ligera impronta
es noviciado remoto,
que desde un pasado ignoto
por el sincretismo hilvana
con ayuda de la diana
para fabricar su exvoto.

XXXII.

El apagón de las noches
nos lleva a emprender el vuelo
sin que encuentres un consuelo
en casa de tus derroches
y aunque la patria reproches
de todo lo patriotero
no serás tú el escudero
que amortaje aquí la luz
enredada cual cazuz
al enfrentar el acero.

XXXIII.

Primitivos tisanuros
nocturnos, sin ojos ni alas,
tejimos las martingalas;
ágiles en los conjuros,
caminábamos seguros
huyendo a la claridad
sin la subjetividad
que hiciera patente el brote
que surgía en este islote
con toda seguridad.

XXXIV.

Cual pececillos de plata,
regenerados Quijotes,
que en sus antiguos pellotes
la rebeldía desata,
cual frecuente cabalgata
en la andanza de la vida
que presenta en su abatida
caravana de congojas
por aquellos que aherrojas
en situación tan reñida.

XXXV.

En países tan lejanos
invadimos el catauro
de yagua que no restauro
en los espacios urbanos
al no ser ya ciudadanos
ni héroes en patrias vanas,
lepismas en oscuranas,
la infestación, el refugio,
cuerpos en fuga, artilugio
en el trasvase de aduanas.

XXXVI.

Nuestras subjetividades
marcaban el desafío
de viajar en un navío
y liberar hermandades.
Retiran las libertades
y la plata corporal
del principio nacional:
no cabe la algarabía
en apta topografía
que define el litoral.

XXXVII.

Detestables pensamientos
sin esperanza se esparcen
sin que con ellos engarcen
con mayores documentos;
de posverdad son fragmentos
que repiten por doquier
lo que tienen por saber
en populismo vacío
en el que yo no confío
pues solo intenta vencer.

XXXVIII.

En un arpa guerrillera
libra sus propias batallas,
se desmoronan murallas
de cascajos en su glera,
se retuerce ya altanera
la danza sacra y profana
que por varias tierras mana
en el preludio a la siesta
de un fauno con otra orquesta,
sabiduría desgrana.

XXXIX.

Debussy en su laberinto
con la música orquestal
de un modernismo vital
añade lo variopinto
que a unos pareció indistinto
siguiendo flautas y oboes
que con música corroes,
la coda que sintetiza
principio y fin analiza
para que el proceso incoes.

XL.

Se funde en principio y fin
el decreto que confieras,
nos planta nuevas fronteras
la máscara de arlequín
que sale con su botín
en la comedia del arte
que nos sirve de estandarte
donde la esperanza pende
del astil por el que asciende
para del país librarte.

XLI.

En ciénagas de papel
en un estertor sombrío
el sobrealiento sin brío
agoniza ante el cuartel
sin por ello no ser fiel
a que toda lucha interna
nos resulte sempiterna
contra la topografía
que solo en su orografía
se ocupa del que gobierna.

XLII.

Cuando inhóspita se vuelva
la circunstancia, el instante,
quisiera tener delante
un tren de escape en la selva
como barbecho en la relva,
erial que busca descanso;
quisiera encontrar remanso
en espera de contiendas
sin que suelte yo las riendas
por si acaso no te amanso.

XLIII.

Despliegas tus oriflamas,
banderas, escudos, himnos,
y me alimentas con crimnos
en busca de otras proclamas,
mientras con tu voz declamas
libertad e independencia
allende la resistencia
entre los símbolos patrios
que invaden todos los atrios
e insistes en la quiescencia.

XLIV.

Expresan soberanía
los consagrados emblemas
de antiguos ecosistemas
mas el orgullo se erguía
cuando aún no amanecía
donde se aferra la fe:
fervor de Caacupé
entre sus valles y cerros
que preparan los destierros
de todo el que no se fue.

XLV.

Creíste ser edafólogo,
mas del suelo no salía
ni un grano en su tiranía
que continuara el monólogo
del principal ideólogo
que en una especie de suerte
trocaba la *mano* en muerte
cual si fuera guaraní
del lugar donde nací
en cooperativa inerte.

XLVI.

Ni un grano para comer
generó la partitura
de lo que en esta escritura
tal vez no vas a entender
porque es en otro saber
donde se amagan escaños
que llevan a los rebaños
cual azada de su astil
al filo de otro candil
con iguales desengaños.

XLVII.

Espera nuevas contiendas
en inhóspitos parajes
donde no hay otros anclajes
con sus posibles enmiendas
si insistes en estas sendas
que estrechan el panorama
de todo aquel que ya exclama
que navega hacia otro puerto
en medio del desconcierto
porque otra tierra lo llama.

XLVIII.

No hay traición en el despegue
que nuestros cuerpos invade
y constante sobreañade
para que yo me doblegue
aunque yo nunca reniegue
origen ni procedencia
aunque alguna consecuencia
por la música profana
en sus acordes, freudiana,
impida mi independencia.

XLIX.

Para arpegiar hace falta
la sucesión de un acorde
que, en dialogismo discorde,
ya otras voces exalta;
pero en esto sobresalta
cual metáfora la fe
y exige que yo le dé
pátina de sobriedad
e inexorabilidad
a quien nunca votaré.

L.

En armonía combina
lo que el pueblo te reclama
para aliviar la dolama
que aflige con su rutina
prohibiendo la marina
circunstancia del escape
no quede en puro traslape;
ya no hay toque de retreta
ni usucapión como meta
ni connivencia que atrape.

LI.

En esta tierra baldía
se sigue entonando el ritmo
al paso de un algoritmo
de falsa fotografía.
Manifiesta hegemonía,
consustancial, en jirones,
culpa a las intervenciones:
proyecta cual demagogo
cualquier decreto que abrogo
en fieles declaraciones.

LII.

Solo un cruce fronterizo
hace posible el escape
para que luego socape
lo que el cóndor no deshizo;
al patentar pasadizo
en comuna de países
las fronteras que revises
no invalidarán lo cierto
que una valla en el desierto
no dejará que divises.

LIII.

Esta niebla decadente
con portón de siete metros
en el que empuñan los cetros
sin un derecho inherente
intenta ser suficiente
entre el desierto y la franja
que en penitenciaria granja
marca la vida y la muerte
como si echara a la suerte
a ver quién abre la zanja.

LIV.

Tanto miedo nos esparcen
entre las glicinias malvas,
el azul y rojo ralvas
al antojo de la marcen
donde las hazas resarcen
con esperada simiente
cual pago correspondiente
tras levantar el barbecho;
arando con gran despecho
nunca me hará independiente.

LV.

Cual glicinias del oriente,
con semillas venenosas
y sus vainas sediciosas,
disfrutan en otro ambiente
gracias a un traslado anuente
que atrae en su lejanía
cuando el decreto exigía,
y por desconocimiento,
que creyéramos el cuento
de aquello que disponía.

LVI.

Con aroma de vainilla
atrae ya a sus insectos
lo que traza otros trayectos
hasta populista orilla;
lo que comenzó en flotilla
tras invasión de repudio
hoy pasa a ser el preludio
de frontera que se ensancha
dispuesta a cualquier revancha
si amenazante el rebudio.

LVII.

Despacio desaparece
la ciudad tan altanera
como si la noche fuera
el jardín donde acaece
todo lo que prevalece
en sinfonía de estrellas.
La dignidad atropellas
al prohibir los retornos,
siempre jamás los contornos
se forjan sus propias huellas.

LVIII.

Tras distocia renacemos
allende atizacandiles
a la caza de civiles,
de migrantes que aclamemos,
para que así procuremos
aprender nuestra lección,
que recuerda al corazón
las vías que no comparto,
porque es en este otro parto
que busco nueva elección.

LIX.

Hay que pescar al candil
con una tea muy larga
que con su luz desembarga
al enemigo que hostil
atado siempre al fusil
pida reconciliación
sin dar a la oposición
libertad, paz y justicia
que enmienden toda inmundicia
en toda constitución.

LX.

Candiles, peces o plantas,
deslumbran al enemigo
que prepara su castigo
con prebendas sacrosantas,
canonjías entre mantas
que guardan los beneficios
que en lucrativos oficios
cual de Eleusis hierofante
se muestra siempre constante
entre tantos artificios.

LXI.

Que a la asamblea no vuelva
atravesado de ira
hasta quemar en la pira
lo que esconde en madreselva
y hasta que no desenvuelva
sarmentosa y trepadora
la libertad que atesora,
contra migrantes eternos
como en todos los gobiernos,
sin ser emancipadora.

LXII.

La libertad en su brecha
nos confunde con su hastío
ante un nuevo desafío
donde la ceguera acecha
a la gente insatisfecha
que busca con su osadía
culpar la caligrafía
de todo lo diferente
mientras todo dirigente
avala su hipocresía.

LXIII.

Resurgir en el descuido
de una cuerda migratoria
hace que en nuestra memoria
la historia de lo ocurrido
nos lleve a otro recorrido
de calcinada raíz
para que ante otro matiz
dibuje nuestra quimera
el adversario que espera;
sea su pasto feliz.

LXIV.

El exilio desde Chagos
nos llevó a Madagascar
para luego interpretar
que en exterminio no hay magos
ni buques que en sus estragos
aseguren el arnés,
pero a pesar del revés
toca siempre recordar:
en principios, no abdicar,
que la suerte está en los pies.

LXV.

Con más de un cincuentenario
conmemoran la asistencia
y del imperio, presencia,
que lo hizo propietario,
arrendamiento arbitrario
en función del capital
cual crimen intelectual
evacuación lo llamaron
cuando de Diego me echaron
para otra función naval.

LXVI.

La historia en su dictadura
ante toda indiferencia
y sin mayor competencia
que el hablante en su ruptura
de memoria configura
el pasado cuestionado,
el pasado refutado,
el pasado rebatido,
mas lo que hemos vivido,
nunca será impugnado.

こ

Catálogo Bokeh

Abreu, Juan (2017): *El pájaro.* Leiden: Bokeh.

Aguilera, Carlos A. (2016): *Asia Menor.* Leiden: Bokeh.

— (2017): *Teoría del alma china.* Leiden: Bokeh.

Aguilera, Carlos A. & Morejón Arnaiz, Idalia (eds.) (2017): *Escenas del yo flotante. Cuba: escrituras autobiográficas.* Leiden: Bokeh.

Alabau, Magali (2017): *Ir y venir. Poesía reunida 1986-2016.* Leiden: Bokeh.

— (2019): *Mordazas.* Leiden: Bokeh.

Alcides, Rafael (2016): *Nadie.* Leiden: Bokeh.

Andrade, Orlando (2015): *La diáspora (2984).* Leiden: Bokeh.

Armand, Octavio (2016): *Concierto para delinquir.* Leiden: Bokeh.

— (2016): *Horizontes de juguete.* Leiden: Bokeh.

— (2016): *origami.* Leiden: Bokeh.

Aroche, Rito Ramón (2016): *Límites de alcanía.* Leiden: Bokeh.

Atencio, Caridad (2018): *Desplazamiento al margen.* Leiden: Bokeh.

Ávila Villamar, Carlos (2025): *Nueve ficciones.* Gainesville: Bokeh.

Barquet, Jesús (2018): *Aguja de diversos.* Leiden: Bokeh.

Blanco, María Elena (2016): *Botín. Antología personal 1986-2016.* Leiden: Bokeh.

Caballero, Atilio (2016): *Rosso lombardo.* Leiden: Bokeh.

— (2018): *Luz de gas.* Leiden: Bokeh.

Calderón, Damaris (2017): *Entresijo.* Leiden: Bokeh.

Castaños, Diana (2019): *Yo sé por qué bala la oveja mansa.* Leiden: Bokeh.

— (2019): *The Price of Being Young.* Leiden: Bokeh.

Cataño, José Carlos (2019): *El cónsul del Mar del Norte.* Leiden: Bokeh.

Cino, Luis (202x): *Volver a hablar con Nelson.* Leiden: Bokeh.

Columbié, Ena (2019): *Piedra.* Leiden: Bokeh.

Conte, Rafael & Capmany, José M. (2019): *Guerra de razas. Negros contra blancos en Cuba.* Leiden: Bokeh | colección Mal de archivo.

Díaz de Villegas, Néstor (2015): *Buscar la lengua. Poesía reunida 1975-2015.* Leiden: Bokeh.

— (2015): *Cubano, demasiado cubano. Escritos de transvaloración cultural.* Leiden: Bokeh.

— (2017): *Sabbat Gigante. Libro primero: Hojas de Rábano.* Leiden: Bokeh.

— (2018): *Sabbat Gigante. Libro segundo: Saigón.* Leiden: Bokeh.

ESPINOSA, Lizette (2019): *Humo.* Leiden: Bokeh.

FERNÁNDEZ LARREA, Abel (2015): *Buenos días, Sarajevo.* Leiden: Bokeh.

— (2015): *El fin de la inocencia.* Leiden: Bokeh.

FERRER, Jorge (2016): *Minimal Bildung. Veintinueve escenas para una novela sobre la inercia y el olvido.* Leiden: Bokeh.

GALINDO, Moisés (2019). *Catarsis.* Leiden: Bokeh.

GARBATZKY, Irina (2016): *Casa en el agua.* Leiden: Bokeh.

GARCÍA, Gelsys (2016): *La Revolución y sus perros.* Leiden: Bokeh.

GARCÍA, Gelsys (ed.) (2017): *Anuncia Freud a María. Cartografía bíblica del teatro cubano.* Leiden: Bokeh.

GARCÍA OBREGÓN, Omar (2018): *Fronteras: ¿el azar infinito?* Leiden: Bokeh.

— (2025): *66 décimas para cuerdas migratorias.* Gainesville: Bokeh.

GARRANDÉS, Alberto (2015): *Las nubes en el agua.* Leiden: Bokeh.

GINORIS, Gino (2018): *Yale.* Leiden. Bokeh.

GÓMEZ CASTELLANO, Irene (2015): *Natación.* Leiden: Bokeh.

GUERRA, Germán (2017): *Nadie ante el espejo.* Leiden: Bokeh.

GUTIÉRREZ COTO, Amauri (2017): *A las puertas de Esmirna.* Leiden: Bokeh.

HÄSSLER, Rodolfo (2019): Cabeza de ébano. Leiden: Bokeh.

HERNÁNDEZ BUSTO, Ernesto (2016): *La sombra en el espejo. Versiones japonesas.* Leiden: Bokeh.

— (2016): *Muda.* Leiden: Bokeh.

— (2017): *Inventario de saldos. Ensayos cubanos.* Leiden: Bokeh.

HERRERA, Alcides (2022): *Canciones iguales.* Leiden: Bokeh.

HERRERA, José María (2025): *La musa política.* Gainesville: Bokeh.

HONDAL, Ramón (2019): *Scratch.* Leiden: Bokeh.

— (2020): *La caja.* Leiden: Bokeh

HURTADO, Orestes (2016): *El placer y el sereno.* Leiden: Bokeh.

INGUANZO, Rosie (2018): *La Habana sentimental.* Leiden: Bokeh.

JESÚS, Pedro de (2017): *La vida apenas.* Leiden: Bokeh.

KOZER, José (2015): *Bajo este cien.* Leiden: Bokeh.

— (2015): *Principio de realidad.* Leiden: Bokeh.

LAGE, Jorge Enrique (2015): *Vultureffect*. Leiden: Bokeh.
LAMAR SCHWEYER, Alberto (2018): *Ensayos sobre poética y política. Edición y prólogo de Gerardo Muñoz*. Leiden: Bokeh | colección Mal de archivo.
LUKIĆ, Neva (2018): *Endless Endings*. Leiden: Bokeh.
MARQUÉS DE ARMAS, Pedro (2015): *Óbitos*. Leiden: Bokeh.
MÉNDEZ ALPÍZAR, L. Santiago (2016): *Punto negro*. Leiden: Bokeh.
MIRANDA, Michael H. (2017): *Asilo en Brazos Valley*. Leiden: Bokeh.
MORALES, Osdany (2015): *El pasado es un pueblo solitario*. Leiden: Bokeh.
— (2018): *Zozobra*. Leiden: Bokeh.
— (2023): *Lengua materna*. Leiden: Bokeh.
NARANJO, Carlos I. (2019): *Los cantos de Pandora*. Leiden: Bokeh.
PADILLA, Damián (2016): *Phana*. Leiden: Bokeh.
PEREIRA, Manuel (2015): *Insolación*. Leiden: Bokeh.
PÉREZ, César (2024): *La capital del sol. Tragicomedia en tres actos*. Leiden: Bokeh.
PÉREZ CINO, Waldo (2015): *Aledaños de partida*. Leiden: Bokeh.
— (2015): *El amolador*. Leiden: Bokeh.
— (2015): *La isla y la tribu*. Leiden: Bokeh.
— (2019): *Apuntes sobre Weyler*. Leiden: Bokeh.
PONTE, Antonio José (2017): *Cuentos de todas partes del Imperio*. Leiden: Bokeh.
— (2018): *Contrabando de sombras*. Leiden: Bokeh.
PORTELA, Ena Lucía (2016): *El pájaro: pincel y tinta china*. Leiden: Bokeh.
— (2016): *La sombra del caminante*. Leiden: Bokeh.
— (2020): *Cien botellas en una pared*. Leiden: Bokeh.
QUINTERO HERENCIA, Juan Carlos (2016): *El cuerpo del milagro*. Leiden: Bokeh.
RIBALTA, Aleisa (2018): *Talús / Talud*. Leiden: Bokeh.
RODRÍGUEZ, Reina María (2016): *El piano*. Leiden: Bokeh.
— (2018): *Poemas de navidad*. Leiden: Bokeh.
SAAB, Jorge (2019): *La zorra y el tiempo*. Leiden: Bokeh.
SALCEDO MASPONS, Jorge (2025): *Memoria de eso*. Gainesville: Bokeh.
SÁNCHEZ MEJÍAS, Rolando (2016): *Mecánica celeste. Cálculo de lindes 1986-2015*. Leiden: Bokeh.
SAUNDERS, Rogelio (2016): *Crónica del decimotercero*. Leiden: Bokeh.
STARKE, Úrsula (2016): *Prótesis. Escrituras 2007-2015*. Leiden: Bokeh.
TIMMER, Nanne (2018): *Logopedia*. Leiden: Bokeh.

VALDÉS ZAMORA, Armando (2017): *La siesta de los dioses*. Leiden: Bokeh.

VALENCIA, Marelys (2021): *Peregrinaje en tres lapsos | Pilgrimage in Three Lapses*. Leiden: Bokeh.

— (2023): *Santuario de narcisos en ayunas | Sanctuary of Fasting Daffodils*. Traducción de Peter Nadler. Leiden: Bokeh.

VEGA SEROVA, Anna Lidia (2018): *Anima fatua*. Leiden: Bokeh.

VILLAVERDE, Fernando (2016): *La irresistible caída del muro de Berlín*. Leiden: Bokeh.

— (2016): *Los labios pintados de Diderot*. Leiden: Bokeh.

WILLIAMS, Ramón (2019): *A dónde*. Leiden: Bokeh.

WITTNER, Laura (2016): *Jueves, noche. Antología personal 1996-2016*. Leiden: Bokeh.

ZEQUEIRA, Rafael (2017): *El winchester de Durero*. Leiden: Bokeh.

— (2020): *El palmar de los locos*. Leiden: Bokeh.